重生

the NEW BIRTH

一

彼得·米德（Peter Mead） 著

甘霖 译

The New Birth

© 2024 by Peter Mead

Originally Published by Union Publishing

Bryntirion House, Bridgend, CF31 4DX, UK

重生

作者：彼得·米德（Peter Mead）

翻译：甘霖

编辑：赵然

ISBN：978-1-965805-53-4

eBook ISBN：978-1-965805-54-1

除非特别说明，本书所有经文均引自和合本圣经。

彼得·米德以温暖深刻、清晰易读的方式阐述了这一核心教义。他严谨且令人信服地诠释了"何为"重生、"如何"重生以及"为何"要重生。全书通俗易懂且引人入胜，每章结尾的故事与思考题更能促使我们思索并构想，福音真理能够且应当如何重塑我们的生命。

这是一本温暖实用的佳作——既为探索信仰的新信徒提供了绝佳的入门指引，又能给信主有段时间的老信徒带来耳目一新的勉励。

——埃利德·库克（Ellidh Cook），
伦敦朗豪坊诸圣堂学生事工同工

我认为彼得·米德为"基要真理系列丛书"撰写的《重生》一书极具价值，因为它透过圣灵工作的视角，将我们个人的经历与圣经的伟大叙事汇聚在一起。本书以耶稣与尼哥底母的相遇为锚点，精彩地阐释了基督徒归信的神学真理与真实体验，并贯穿以激动人心的见证故事——揭示了圣灵如何改变了司布真、怀特腓（George Whitefield）、C. S. 路易斯（C. S. Lewis）等历代圣徒以及当代信徒的生命。

——戴力高（Rico Tice），

探索基督教的联合创始人

这本小书阐述了一个极其重要的真理：耶稣来是为叫灵性死亡的人复活得享丰盛生命！彼得·米德对耶稣所赐重生的深刻洞见既充满牧者的智慧，又深具造就之力。

——菲利普·米勒（Philip Miller），

芝加哥穆迪教堂主任牧师

当我成为基督徒时，我并未真正明白发生了什么。重生的事实远超我的认知——它过去是（现在仍是）我无论如何也想不到的。彼得·米德为我们开启了这段伟大征程的精彩序幕。这本美好而暖心的小书揭示了"重生"这一基要真理。它和本系列的其他作品一样，虽简短易懂，却充满了深刻而喜乐的教导。

——乔纳森·托马斯（Jonathan Thomas），牧师、主播；《有意打断》（*Intentional Interruptions*）一书作者

目　录

基要真理系列
丛书前言

简单来说，这套丛书介绍了福音中一些毋庸置疑的基要真理。

到底是哪些真理呢？我们来看看使徒保罗在写给罗马人的书信中的开篇是怎么说的：

> 耶稣基督的仆人保罗奉召为使徒，特派传上帝的福音。这福音是上帝从前藉众先知在圣经上所应许的，论到他儿子我主耶稣基督。按肉体说，是从大卫后裔生的；按圣善的灵说，因从死里复活，以大能显明是上帝的儿子。
>
> （罗 1:1-4）

对保罗来说，福音是以上帝为中心的信息，即"上帝的福音"。它是一个三位一体的信息：父借着圣灵的能力启示他的儿子。它源于圣经，即"在圣经上"所应许的。它聚焦于上帝的儿子耶稣基督及其救赎工作。这信息更在圣灵重生的大能中发挥作用，带来实际的果效。换言之，基督的福音乃是关乎父、子与圣灵以及他们在启示、救赎与重生中之作为的好消息。①

---

① 该图表及对其的解释首次见于 Michael Reeves, *Gospel People: A Call for Evangelical Integrity* (Wheaton, IL: Crossway, 2022), 20, 119。

这些真理都是相互关联的，它们共同构成了我们荣美的、合乎圣经的、三位一体的、以基督为中心的、圣灵所成就的好消息。这套丛书简明地概括了福音信息，帮助读者重新认识福音的真正含义。这十本小书涵盖了福音中的基本主题，如图中两个内圆所示。

每本小书都探讨了一个主题，但这套丛书的目的不仅仅是传达书中的内容。毕竟，福音不仅仅是启示，更是关乎**救赎**和**重生**的启示。因此，愿你在阅读这套书时生命得着更新，来敬拜和享受那位"可称颂、荣耀之上帝"（提前1:11）。

迈克尔·里弗斯（Michael Reeves）

丛书编辑

引　言

在世界各地你都能找到因归信耶稣而生命彻底改变的人。他们聚集在一起赞美上帝赐下新的生命，向人传讲这赐给所有人的生命，他们将这属灵的新生命在自己里面诞生的那一刻视为**人生中最重要的时刻**。

然而，所谓"重生"意味着什么呢？这新生命究竟是指什么呢？

据耶稣在世传道期间的门徒彼得所言，所有真正跟随耶稣的人都"重生……有活泼的盼望"（彼前1:3），他们重生是"藉着上帝活泼常存的道"（23节）。

这便引出了几个问题：上帝之道如何能给一个活着的人带来生命与盼望？重生仅仅是给理性认同基督教的人贴上圣经的

标签吗？还是它只是形容皈依某种宗教的说法？它是某种神秘的体验吗？

在接触了关于耶稣是谁、他在十字架上死而复活所成就的福音后，许多人都在内心深处经历了一种彻底的转变。这绝非空幻的臆想，也不只是对一系列真理的认同，更不是翻开人生新篇章或养成新习惯，而是诞生于人内心最深处的全新生命。

圣经称此为"重生"。它带来了全新的价值取向、全新的内驱力与全新的情感。原本对属灵之事冷漠的人，突然开始非常关注耶稣。甚至一向公然抵挡基督的人，也能转而视基督为至宝，因为上帝借着重生赐给我们一个新心，叫我们珍视耶稣胜过一切。

在这本小书中，我们将探寻圣经对重生的教导。阅读本书时，请务必翻开圣经自行查考相关经文。

倘若你已经归信耶稣，或许你正在经历救恩的喜乐，抑或对持续的争战感到沮丧。有些事已经变了，但不是所有事。愿这本小书能激励你，让你看见上帝在你生命中的奇妙作为——这恩典绝非人力所能赚取，但它如今对你来说却比任何事物都宝贵。

倘若你还没有信耶稣，愿这本小书帮助你明白上帝想要在你心灵与生命中成就的事。你无法赚取他的爱，但他邀请你来倚靠他并祈求他将他的生命赐给你。凡一心寻求他的，他必应允。

你是否感到有什么在拦阻你？或许是尚未解决的疑问，也可能是当被要求谦卑己身时心中却涌起了人的骄傲。无论何种拦阻，请务必郑重对待——重要的是解决疑问或者直面骄傲的罪。毕竟，上帝不只要求我们徒具宗教形式，也非扮演基督徒，更非仅仅说些属灵的话（参见太7:21-

23；罗10:9）。

归根结底，成为基督徒意味着爱耶稣（参见林前16:22）。耶稣要我们切实地爱他，而非说些空洞的言辞。他已成就一切必需之事，为要赐我们所需的属灵新生命。尽管我们永远无法凭己力爱他，但"基督在我们还作罪人的时候为我们死，上帝的爱就在此向我们显明了"（罗5:8）。

当我们重生时，"所赐给我们的圣灵将上帝的爱浇灌在我们心里"（罗5:5）。因此，我们爱神，是因为他先爱了我们（约壹4:19）。这重生乃是人所能领受的最好消息！让我们从与耶稣面对面相遇之人的经历开始，一同探索这荣耀的恩赐。

第一章
生死之事

"你有什么问题?"

这句质问既可招致麻烦,也可带来帮助——全取决于发问者是谁。若出自水管工或医生之口,援助或许马上就到;但若由街头暴戾醉汉问出,恐怕祸端将起。

然而,倘若发问者是上帝呢?我们究竟有什么问题?我们真的知道吗?就算知道,我们能自己解决吗?还是上帝已为我们预备了解决之道?

我们有什么问题?

我想诸位都会认同:人生从来不尽

完美。无论我们出身何处，现在又身处何方，都曾亲历自己与他人生命中的痛苦和磨难。即便我们可能心怀善意，也深谙事与愿违的滋味。坦白说，我们往往连自己的标准都难以持续达到。

我们到底出了什么问题？如果问题在于我们有罪，那么我们需要的是赦免；如果我们与上帝隔绝，那么我们需要与他和好；如果我们被定罪，那么我们需要得称为义；如果无知是我们的症结，那么我们需要知识；如果我们软弱疲乏，那么更有力量便是答案。

但是，如果我们的问题比罪疚、与神隔绝、律法定罪、无知和软弱更大、更严重呢？如果我们最紧迫的问题是我们的灵性已死呢？上帝对**此**有解决之道吗？

在《约翰福音》3章，我们读到耶稣与尼哥底母的对话。这位犹太领袖学识渊博，人称"以色列人的先生"（10节），并且是公会成员，颇有影响力。他是法利赛人，这是一个虔诚的犹太群体，因此他给周围人留下了敬虔的印象。在人看来，尼哥底母似乎比别人懂得更多，做得也更好。他在当局最高层拥有影响力，而且可能比你、比我、比我们见过的任何人都更敬虔！

但耶稣却不以为然。尼哥底母本想谈论关于上帝的事，但对话却陡然转向了一个意想不到的方向。耶稣开始谈论"从上头"生的或"重生"（3节）——这两种说法都可以。他说，人若不经历这第二次的生，就不能"见上帝的国"。

耶稣并不认为尼哥底母需要知道更多道理或做得更好。完全不是。他对尼哥底母的态度，仿佛后者对所要讨论的事**完全无感**。或者换句话说，耶稣看待尼哥底母如同灵性已死的人——事实也确实如此。

尼哥底母困惑不已。

再次出生？

耶稣谈到重生时，所指的并非人肉身的第二次出生。相反，他是在谈论从上头来的属灵的出生。耶稣解释说，上帝的灵在人心里运行，就像风在你周围吹动一样——你看不见风，却能看见万物随风而动。正如《约翰福音》2章25节所说，耶稣完全知晓我们心里所存的。尼哥底母里面没有圣灵的生命，没有为上帝跳动的心，也没有上帝之灵运行其中——毫无生机，他是死的。

因此，尼哥底母需要重生。如果连他这位在人看来最虔诚的人都是如此，那么毫无疑问你我也同样需要重生。无论我们学识多么渊博、多么成功、多么富有、多么有影响力或受人尊敬，在上帝眼中，这一切都毫无意义。

正是在这里，我们发现了最坏的消息，同时也发现了最好的消息。

坏消息与好消息

坏消息是，所有人都需要一种永远无法凭己力成就之物。即便耗费百万年光阴，拥有百万个学位，我们也得不到。甚至行百万件善事或无私之举也无济于事。然而就在这时，好消息出现了：上帝爱世人，他是赐生命的上帝。他愿意（也有能力）赐给我们那个靠自身努力无法赚取的东西。正如圣经中一句著名经文所说的："上帝爱世人，甚至将他的独生子赐给他们，叫一切信他的，不至灭亡，反得永生。"（约3:16）

想想看：上帝那奇妙的爱促使他差遣他的独生爱子进入这世界，执行拯救的工作，为我们提供所需要的一切。我们的问题是什么？如果任凭我们自己，我们的灵性已经死了。上帝有解决之道吗？当然有！解决之道就是耶稣。因着耶稣的所是和所行的一切，上帝一说话，生命就在我们里面迸发而生。

但在我们不靠自己之前，我们需要探究人类犯罪的故事以及我们所有的问题是如何开始的。死亡如何临到世界以及为何临到呢？

"我需要耶稣"

我（汉娜）曾是个非常叛逆任性的孩子——我很清楚自己想要什么，不需要父母或其他人告诉我该做什么。

但我清晰地记得，在我快六岁时，有一天，我和妈妈发生了激烈的争吵，她命令我罚坐，让我反思自己的行为。我记得自己坐在椅子上，突然有种强烈的感觉：有些事确实错了，必须做出改变。

现在回想起来我才知道，这是圣灵在工作，让我看到自己的罪。于是我去找妈妈，我说的第一句话就是："妈妈，我需要耶稣。"她向我简单明了地解释了何为福音。紧接着我向上帝祷告，为自己的罪悔改，并承认我需要基督。这和从教会或家里听来的故事中知道耶稣是谁完全不一样，而是一次真实且即刻的心的改变。

我的基督徒生活是一段在基督里不断改变与更新的旅程。我亲眼见证了这些年上帝如何逐渐拿去我旧有的罪性，代之以对他和他真道的渴慕。我并非一个完美的基督徒，但我内心最深的渴慕是：更深认识基督，以他为至宝，并完全按照他美善而恩慈的旨意而活。

（汉娜是一位刚结婚的二十多岁的大学毕业生。）

思考与讨论

1）如果你问十个人"我们有什么问

题"，你认为他们会如何回答？对于这个问题圣经是怎么说的？

2）读《约翰福音》3章1至21节。为什么尼哥底母认为他有资格和耶稣谈论上帝之国的事？当耶稣开始教导他时，他发现了什么？

3）虽然我们的灵性已死，但上帝能够也愿意赐给我们新的生命。你会如何向一位不熟悉基督教的朋友或同事解释这个关于耶稣的好消息？

第二章

我们确实死了

我们总喜欢对自己的困境轻描淡写。明明修车师傅直言修理费将高达数千英镑，我们却说"这车子只是有点小毛病"；明明诸事不顺，我们却说"今天稍微有点挑战"。同样地，我们有时会想"我不算太差"，而圣经对我们问题的诊断却远比这严峻得多。

我们生病了吗？我们表现不佳吗？我们有欠缺吗？还是说我们已经死了？

还记得尼哥底母吗？他通晓圣经。在《约翰福音》3章中，当耶稣对他论及从水和圣灵而生、有人从天而降、旷野中被举起的蛇时，这必会让他想起旧约《以西结书》（36:25–27）、《申命记》（30:11–14）和《民数记》（21:6–9）的措辞。但整个对话的潜在思想是《创世记》3章中蛇在伊甸园所说的那句话："你们不一定死。"（4节）

确实，《创世记》3章对于理解世界以及人类自身的问题所在绝对至关重要。让我们来仔细研究一下。

《创世记》1至2章告诉我们，上帝创造了人类以及光与暗、陆地与海洋、动物与植物。他还赐给亚当一条明确的命令："园中各样树上的果子，你可以随意吃，只是分别善恶树上的果子，你不可吃，因为你吃的日子必定死。"（创2:16–17）

上帝告诉亚当，他"吃的日子"必定死。但《创世记》也告诉我们，亚当和妻子夏娃在那之后又活了许多年。那么，他们究竟是怎么死的？

是的，他们的肉体会渐渐消亡——我

们的身体也在每天提醒着我们时光飞逝。但更重要的是，他们吃的日子灵性就死了。他们一偷吃禁果，属灵的经历就彻底改变了。现在他们有罪了，向着上帝的心死了，对上帝的灵不再有反应。

这是有史以来最惨痛的悲剧，其影响波及我们所有人，直至永恒。然而从亚当夏娃"死"的那一刻起，圣经就引领我们踏上一段发现之旅，看上帝将如何拯救、救赎并重生他宝贵的形象承载者。

现在让我们聚焦于亚当夏娃之死的三个后果。这些也是当今灵性死亡之人的特点。

过犯与羞耻

时间退回到古代。大卫强占了邻人乌利亚的妻子拔示巴。随后他为掩盖自己的通奸罪，竟在战场上设计杀害了乌利亚。

在《诗篇》51篇开头，大卫向上帝恳求说
"涂抹我的过犯。求你将我的罪孽洗除净
尽，并洁除我的罪"（1-2节），这是他直
面自己那可怕的罪疚与羞耻时从心底发出
的呼求！

时间快进到现在。我们每天都能看
到人性中的罪疚与羞耻。我们在别人身
上看到了，但坦白说，我们也能在自己
身上看到。

大多数时候，我们的罪并未以最极端
的方式显露出来。日常生活中，我们常常
会犯诸多所谓的"小"罪。一时间我们可
能动怒，也可能本该出言温和时却缄口不
言。我们可能行善之后满心骄傲，暗自与
那些罪大恶极之人比较而自觉优越。我们
竭力逃避批评，但内心的自私却以千百种
难以察觉的方式悄然流露。

我们都犯了罪，无论怎样逃避，这都
是事实。这意味着我们都要背负罪疚与羞

耻的重担。

铁石心肠

大卫为罪哀恸时，曾向上帝呼求"为我造清洁的心"（诗51:10）。罪疚玷污了他内心深处，以至于他需要一颗新心。亚当和夏娃堕落犯罪时也是如此——罪不仅仅在他们的生命中留下印记，其侵蚀之深远超表象。

蛇曾暗示夏娃说上帝对他们有所保留："因为上帝知道，你们吃的日子眼睛就明亮了，你们便如上帝能知道善恶。"（创3:5）这弥天大谎至今仍在我们耳边萦绕："犯罪能使你满足……你可以自己做主……你可以代替上帝……你可以主宰自己的人生。"亚当夏娃在吃禁果前就已经知道何为真正的良善——毕竟创造他们的就是那位良善的主自己。但此刻他们却增加了对恶的病态认知，他们的心变得刚硬，死一般的刚硬。

我们受造本是为了爱上帝爱人，但现在却"专顾自己……不爱良善……爱宴乐、不爱上帝"（提后3:2-4）。正如诸多伟大领袖所总结的那样，人类困境的核心就在于人心。圣经揭示了人心终日所思想的尽都是恶（创6:5），"人心比万物都诡诈，坏到极处"（耶17:9），"石心"（结11:19，36:26），"充满了恶"和"狂妄"（传9:3）。后世神学家将人的问题归结为"向己弯曲"——人总是低头看自己，却不肯抬头仰望造物主。

没有圣灵

大卫在《诗篇》51篇的哀歌中继续向上帝祈求："不要从我收回你的圣灵。"（11节）在古以色列，君王蒙受了特殊的恩膏，有圣灵的同在。大卫正是受膏的以色列王。他曾亲眼目睹前任扫罗王失去了上帝的恩膏，以致失去了圣灵的同在（撒上16:13–14）。

我们生来就专顾自己，从未意识到自身罪的可悲，因为我们从来没有圣灵的内住，也没有圣灵赐下生命的力量，使我们与上帝联合。纵如尼哥底母那样虔诚、受人尊敬，我们里面也始终无法自然地产生和经历圣灵的生命。

是什么让一个人在与妻子激烈争吵时口出恶言？当有别车超车插道时，司机为何容易暴怒？一名屡次犯罪的惯犯内心究竟是怎样的情形？

罪并非只是人们深思熟虑后做出的决定，它似乎是人内心深处的本能。或许问题就如我们所见的那般严重：我们天生就有罪性，对上帝顽梗刚硬，极度自爱，且生命中缺少圣灵的运行。

在《以弗所书》2章中，保罗描述了

人在得救之前的黯淡光景。人类"死在过犯罪恶中",这是在叛逆世界中生活的常态。当我们受各种各样的私欲诱惑时(无论是身体还是心思意念),就对上帝毫无兴趣。例如有人或许对体育、娱乐或工作充满热忱,却对上帝的事漠不关心。

保罗说:

> 你们死在过犯罪恶之中,他叫你们活过来。那时,你们在其中行事为人,随从今世的风俗,顺服空中掌权者的首领,就是现今在悖逆之子心中运行的邪灵。我们从前也都在他们中间,放纵肉体的私欲,随着肉体和心中所喜好的去行,本为可怒之子,和别人一样。(弗 2:1-3)

但上帝……

但我们不要止步于此！保罗说以弗所人"**死**"了，是在过去。这意味着，即便是那些已死的人，如今也必有盼望。但我们的盼望永远不在于自己，因为我们无法靠自己产生属灵的生命。这恩典在上帝里面，且唯独在上帝里面，因他有丰盛的怜悯和慈爱："然而，上帝……叫我们与基督一同活过来（你们得救是本乎恩）。"（弗2:4-5）

但这福音真的足以解决我们灵性死亡的问题吗？亚当和夏娃堕落犯罪的三个后果我们今天依然在经历。我们一切的罪需要得着赦免。我们需要一颗对上帝有感知的新心。我们需要圣灵来住在我们里面，使我们与基督联合。

但好消息是：这福音好得无比！在下一章我们将要看见，上帝如何应许要解决人类的大问题。他有一个真正伟大的计划——事实上，这是有史以来最伟大的计划。但他没有一次性向我们启示出全部。

"这一切千真万确！"

从很小的时候起，我（乔）便渴望得到男人的认可，这份执念贯穿了我的整个青春时代——从豆蔻年华到二十芳华，直至而立之初。那时的我放纵身心，伤人伤己：屡屡辜负他人心意，借酒浇愁掩饰自卑，很少考虑别人的感受。如今回首，当初的种种荒唐行为仍令我羞愧难当。

后来我遇见了莉兹。她慷慨宽容、温和有爱。可当我发现她是基督徒时，我心头当即一沉："哦，不！"

我原本对基督教毫无兴趣。我总觉得它不只乏味至极，而且大错特错——基督徒一定有妄想症。我常不经考证就人云亦云，比如"耶稣根本不存在"之类的话。

我还言之凿凿："没有证据！"但其实我从未真正去求证过。

后来我参加了教会介绍基督教信仰的课程。课程内容引人入胜，而且更难得的是，有个安心畅谈的所在可以让我尽情发问。有一周，他们讨论了圣经真实性的历史铁证，这令我深深震撼——原来耶稣的生平、受难与复活竟真有史实佐证！自此我开始如饥似渴地研读文章、观看视频、阅读书籍、聆听播客，终于在种种证据中豁然开朗——这一切千真万确！

我无法忽视内心的感动，终于拨通了课程负责人的电话。我告诉她我已准备好，愿意踏出这重要的一步。她问我是否愿意与她一同做决志祷告。于是我向耶稣祷告说，我为过往一切过犯深感羞愧，从今天起我愿跟随他，"成为基督徒"。

我无法形容自己那一刻的感受，但这却是我信仰历程的决定性时刻。当我站在储物间里初次祈求上帝赦免时，什么都无法夺走那一刻发生在我身上的改变。我很感动，心里涌起爱与喜乐；我的泪水决堤而出，久久无法平息。

在接下来的几周里，我不断祷告，为过往做错的事一一寻求赦免。渐渐地，我感到自己慢慢脱离了罪，这罪曾缠累着我的身心、毁坏我的生命。

（乔是一位四十多岁的妻子和母亲。）

思考与讨论

1）为什么《创世记》3章在圣经中如此重要？它如何帮助我们更好地了解我们到底是谁？

2）在本章中我们讨论了人类堕落犯罪的三个后果，具体是什么？有哪些证据可以证明，那些不信上帝的人身上存在这些后果呢？

3）在处理这三个问题时，我们倾向于依赖的虚假盼望其主要来源是什么？我们到哪里去寻找真正的盼望？

第三章
上帝的伟大计划

修车师傅应该总能看到我茫然无措的表情。每当我的爱车出故障要送修时，师傅便会在引擎舱里捣鼓一番，然后仔细地向我解释他们做了哪些工作。这时我要么假装明白，要么眼神放空，最后痛痛快快地掏钱走人。对我来说，只要车子能正常行驶，一切都好。

但偶尔我也会琢磨，师傅究竟做了什么改变？确实有东西不一样了，可我说不清道不明。多数时候，我其实浑然不觉。

这往往是新信徒常有的感受：确实有东西不一样了，可他们说不清道不明。或许他们听到的福音聚焦于律法的层面，便知自己在上帝的册上已被视为无罪；或者他们所听的福音偏重于永恒，于是晓得死后进入天堂时一切都将焕然一新。但无论是律法层面的称义还是将来改变的应许，都无法解释他们内心深处已经发生某些变化的感觉。

如前所述，人类最根本的问题在于罪疚和羞耻、向着上帝的心已死以及我们心里没有圣灵。对此上帝是如何回应的？我们又如何才能更全面地了解他的伟大计划？

上帝的伟大计划：新的约

在旧约中，为了解决人类罪大恶极的问题，上帝赐给他的子民一个应许。他期待将来有一天，那些灵性已死的罪人能够与他有活泼且充满爱的关系："耶和华说：'日子将到，我要与以色列家和犹大家另立新约。'"（耶31:31）

这个新的约包含哪些应许呢?

我要将我的律法放在他们里面，写在他们心上。我要作他们的上帝，他们要作我的子民……他们从最小的到至大的，都必认识我。我要赦免他们的罪孽，不再记念他们的罪恶。(耶 31:33-34)

我必用清水洒在你们身上，你们就洁净了。我要洁净你们，使你们脱离一切的污秽，弃掉一切的偶像。我也要赐给你们一个新心，将新灵放在你们里面。又从你们的肉体中除掉石心，赐给你们肉心。我必将我的灵放在你们里面，使你们顺从我的律例，谨守遵行我的典章。(结 36:25-27)

上帝计划开一条路，使人能够重新与他建立关系。他的计划解决了我们在上一章揭示的那些根本问题。他应许赦罪，赐给我们圣灵，并将更新、活泼、有回应的心放在他子民的里面。对此《何西阿书》2章14至23节或《以赛亚书》精彩的后半部分（40至66章）都有详细阐述。但此刻，让我们转向新约圣经看看这个伟大计划的具体细节，这正是我们在重生中所经历的。

我们罪得赦免

保罗写《罗马书》时为自己罪得赦免而赞美上帝。在第4章中，他因这祝福而喜悦，于是引用了《诗篇》32篇。这是大卫王写的一首诗，正如我们之前所见，他深知罪的毁灭性后果，因为他与拔示巴通奸并谋杀了她的丈夫。但是，大卫王同样也知道蒙上帝赦免的奇妙恩典：

> 得赦免其过、遮盖其罪的，
> 这人是有福的；主不算为有罪的，
> 这人是有福的。（罗 4:7-8；另参
> 诗 32:1-2）

被上帝称义是一种奇妙的特权，我们不仅得了赦免，而且我们的罪也不再被记念。保罗明确指出，这是上帝所赐的恩典，不是我们能够赚取的（罗4:4-5）。或许可以公平地说，没有一个基督徒能完全领会这恩典的奇妙所在。

但还不止这些。

上帝的灵住在我们里面

在《罗马书》随后的章节，保罗描述了我们周围的受造界如何在堕落的重压之

下劳苦叹息，而我们又如何在必死的身体里叹息：

> 我们知道一切受造之物一同叹息、劳苦，直到如今。不但如此，就是我们这有圣灵初结果子的，也是自己心里叹息，等候得着儿子的名分，乃是我们的身体得赎。我们得救是在乎盼望；只是所见的盼望不是盼望，谁还盼望他所见的呢？（8:22–24）

我们叹息并非因为绝望，而是因为充满盼望。为什么？因为我们已经领受了"圣灵初结果子"。有些事情已经发生了改变，这使我们满怀盼望：上帝其余的应许终有一天也会成就。

古时的以色列人将初熟的果子当作祭物献给上帝，以此宣告自己相信将来还会有更多的收获——既能维持生计，又能献祭于上帝。可以说，初熟的果子是将来祝福的保障。

那么，如今的基督徒有什么可以作为将来更多祝福的保障呢？我们有所应许的圣灵住在我们里面（加3:14；弗1:13-14）。

新心

拥有"一颗新心"究竟意味着什么？

当圣经论及心时，指的是我们最深层的价值观和反应。自从人类堕落犯罪以来，我们倾向于将自己视为理性、独立、自我激励的个体。但现实是，我们里面并不存在一个由心思、意志和情感组成的委员会，需要经过一番艰难地权衡才能做出每个决定。"其实我们内心运作的方式更像是独裁。我们的思想和意志只是按吩咐行事。而真正主导我们价值观，并在每种处境中决定结果的，是内心的情感涌动。"

在上帝赐给我们一颗新心之前，我们的情感是向内朝向自我，而不是向外朝向上帝。一个人真正爱上帝，需要上帝的神迹。事实上，这需要上帝赐下他在新约中应许的那颗新心，而这恩典就发生在我们回应基督以及他为我们所成就的事时。正如我们在前言中指出的，"我们爱，因为上帝先爱了我们"（约壹4:19）。

上帝的伟大计划始终要解决三个问题：我们的罪、我们对圣灵的需要以及我们的石心。更重要的是，这个伟大计划始终是围绕着一个位格展开的，即耶稣——那位赦免我们的罪、赐下圣灵、赢得我们心意的救主。

我们现在要祈求他赐下帮助。

"我的生命从此改变了"

阿班·乌斯曼（Aaban Usman）（化名）曾是一位虔诚的穆斯林。2009年，他在肯尼亚的家乡偶遇一群人围聚在一辆皮卡车旁。以下是他的亲口讲述：

"我尽可能凑近些，好能听清楚或看清楚发生了什么事。我听到有一位基督徒宣教士正在布道。他显然和我一样是肯尼亚人，而不是从西方来到此处的人。我当时心存疑虑，保持着距离，但我还是听到了他说的话。

那人布道结束后，我有种冲动想去找他……他向我分享了福音，于是从那一刻起，我感觉一切都不一样了……圣灵改变了我的心，我将余生交托给耶稣。宣教士叫我去告诉家人发生了什么，我照他的要求做了，尽管我知道父亲肯定会不高兴。果不其然，父亲认为我的归信是对伊斯兰教的背叛，是种大逆不道的行为……他甚至叫我去死……

在福音书中，耶稣告诉众人，凡想要跟随他的人，必须预备好撇下一切并背起自己的十字架（路14:26-27）。自从成为基督徒以来，我曾多次计算过做门徒的代价……然而，想起那些最痛苦的时刻——想到我忍受过的所有掌掴、拳打和脚踢——我仍然'以为大喜乐'（雅1:2）。为了基督的缘故，也为了接触我那些灵里瞎眼的穆斯林兄弟，我甘愿舍弃一切。"①

思考与讨论

1）上帝计划借着新约做什么？

---

① Aaban Usman, with Koal Manis, "I Grew Up a Fervent Evangelist for Islam. Now I'm Living Out the Book of Acts," *Christianity Today*, December 11, 2020. 本节的标题就出自这篇文章。

2）新约的哪个特征是你最容易忽视的，为什么？

3）圣经使用"心"这个词时，指的是什么意思？

4）本章中有哪些内容对你理解或阐释福音带来的改变有所帮助？

第四章
十字架和你的心

你难道不觉得上帝选择了最奇特的方式来改变人因罪刚硬的心吗?

他并没有命令我们停止爱自己，转而去爱他;他也没有不管我们意愿如何，就强行实施属灵的心脏移植手术。相反，他借着他儿子耶稣在十字架上牺牲的死赢得了我们的心。在此，耶稣不仅为我们偿清了罪债，还赢得了我们的心。

但耶稣那可怕的死如何能永远改变我们的心呢?

十字架给人带来生命

还记得尼哥底母当时有多困惑吗？他听到耶稣对他说，他的灵是死的，需要从上头出生。但他想知道，如何才能获得这种重生带来的新生命（约3:9）。

耶稣带尼哥底母回顾了一个以色列人在旷野期间的故事，这个故事记录在《民数记》21章6至9节中。由于犯罪的缘故，在旷野中漂泊的以色列民最终安营在毒蛇的巢穴中，最终被蛇咬死了许多。于是他们的领袖摩西向上帝求助，并带回一个解决办法：制造一条铜蛇，将其挂在杆子上。但他们总该需要更医学、更科学的方法吧？

嗯，不需要，因为这方法奏效了！凡相信上帝并仰望铜蛇者就活了。在这里，上帝提到他在《创世记》3章15节中的应许——女人的后裔要给蛇致命一击，使那些信靠他的人得着生命。

而新约中的耶稣就是上帝要用来击败蛇的那一位。而且摩西在旷野中怎样举蛇，人子也必照样被举起来，叫一切信他的都得永生（约3:14-15）。

此外，凡成为上帝儿女的，依然是因为信靠耶稣的缘故：不仅仅是口头赞同或更好生活的承诺，而是要将我们自己交托给他，谦卑地顺服他，把他当作我们生命中的至高权威，并且全心全意地跟随他。（我们将在第六章详细探讨这一点。）重生彻底改变了我们的心，因为我们开始珍视耶稣胜过一切。我们意识到，如果他为我们做出那么大的牺牲，那么我们就不可能不以爱他作为回应！

十字架显明了上帝的爱

在《约翰福音》8章我们看到，耶稣回到了耶路撒冷，人们簇拥着他，紧张局势加剧。随后他说了一句令人震惊的话：

"你们举起人子以后，必知道**我是**……"（约8:28，强调部分为本文作者所加）。听见耶稣这样说"我是"，人们应该无比震惊，因为这让他们想起上帝对摩西的宣告："我是自有永有的。"（出3:14）然而，耶稣这样宣告自己的身份，文士和法利赛人是如何回应的呢？他们认为他亵渎了上帝，要拿石头打死他（参见约8:58-59）。

因此，在28节，耶稣其实在说，他被举起将是启示完全显明的时刻。当这一刻到来时，人们就会知道他是谁以及他为何而来——为了显明上帝的爱。随着《约翰福音》情节的发展，我们能感觉到那个时刻越来越近了。

十字架为上帝赢得人心

《约翰福音》后文中再次出现了"举

起"一词，这时经文给出了最完整的解释。在12章中我们得知，有几个希腊人想见耶稣（20-36节）。两个门徒穿过人群去告诉耶稣，但耶稣回应他们说，他的"时候"终于到了（23节）。这似乎足够积极，但随后他开始了一系列复杂的讲论——谈到农耕、个人优先事项和侍奉。

什么？我能想象出门徒会有多困惑。那几个希腊人怎么办？但答案马上揭晓。耶稣说："我若从地上被举起来，就要吸引万人来归我。"（32节，强调部分为本文作者所加。）

就是这个！那一天是棕枝主日，但请注意，耶稣受难日就要到了。耶稣是在说，当他被钉十字架时，他将会吸引万人——包括希腊人——归向他。约翰甚至进一步指明，被举起指的就是耶稣被钉十字架。正是耶稣在十字架上的死，击败了魔鬼，显明了上帝的心意，并吸引心里刚硬的人归向他。

我们的心被改变，被吸引归向上帝是至关重要的，因为在上帝赐给我们一颗新心之前，我们里面住着一位独裁者，他叫我们的心刚硬，始终与上帝为敌（参见第三章）。我们心里所充满的，口里就说出来（太12:34）；我们犯罪，是因为我们心里所存的本为邪恶（可7:15）。的确，我们内心对外部刺激的反应显明了我们属谁。

我们的心需要被改变。但这也引出了一个问题：我们无法轻易改变自己的心之所爱。一方面，我们常常会因骄傲就断然否认人性本有缺陷，或者企图通过自行选择补救方法来保持掌控感。另一方面，即便我们真的想要改变内心，我们自我完善的努力也终将失败。而最终我们无法满足上帝律法的要求，因此我们当谦卑地呼求上帝来改变自己。

一旦拥有了上帝所赐的新心，我们就会发现著名的牧师乔纳森·爱德华兹（Jonathan Edwards）所谓的一种新的内在"品味"①——一种对耶稣的全新渴慕。突然间我们发现，我们爱他，想要讨他喜悦。这就好像上帝赐给了我们一颗新心，上面写着他的律法，叫我们想要从内心深处讨他喜悦。

耶稣在十字架上被举起，为要吸引我们归向他。

唯有当我们来到耶稣被钉的十字架前，才有望得着新的生命。否则，我们就会像尼哥底母一样自以为活着，却是被定罪的，且向着上帝是死的。没有基督的十字架，就没有基督教信仰。

---

① Jonathan Edwards, *Treatise on Grace, in The Works of Jonathan Edwards, Volume 21: Writings on the Trinity, Grace, and Faith*, ed. Sang Hyun Lee (New Haven: Yale University Press, 2003), 173.

基督教信息的核心

这就是为什么基督教的福音要求我们传讲钉十架的基督的原因。仅仅默想上帝的律法、过好的生活或者有美好的初心是不够的。我们需要来到十字架前，并且发现我们新生命的恩惠蕴藏于基督的舍己中。正如神学家莱斯利·纽比金（Lesslie Newbigin）所说的："唯有上帝亲自降临，借着自己的死向世人倾倒他的生命，我们才能得到这恩惠。"[②]

耶稣的死显明了上帝对像你我这样的可怜人的爱。当我们瞥见那来自自身之外的爱时，它会完全融化我们冰冷的心。不仅如此，当我们瞥见上帝在十字架上显明的爱时，新生命就在我们内心深处迸发出来。

---

② Lesslie Newbigin, *The Light Has Come: An Exposition of the Fourth Gospel* (Grand Rapids, MI: Eerdmans, 1982), 42.

走错了教会，却听到对的信息

年轻人去教会的计划因为这场猛烈的暴风雪泡汤了。最终他走进了一个小礼拜堂。讲台上站着一位鞋匠，他正在代替原定的传道人讲道，后者因为暴风雪无法来到教会。糟糕的天气、误入的教会和不起眼的鞋匠，但所传的信息是对的。那位笨拙而又啰嗦的传道人告诉年轻人说，他看起来很痛苦，需要仰望基督。

1850年冬天的一个早晨，司布真的心中充满了喜乐和确信。"我仰望耶稣，他也看顾我；我们永远合而为一了。那一刻，我的喜乐超越了一切，正如我的忧伤（先前）曾将我逼至无尽的深渊。我完全安息在基督里，以他为满足，心里充满喜乐；但我并不知道这恩典就是永生，直到我开始读圣经，更深认识到上帝赐予我的这宝贝的价值。"③

思考与讨论

1）为什么说十字架是基督教信仰的核心?

2）耶稣在十字架上为我们的罪成就了什么? 他为我们的心又成就了什么?

3）传福音时可以不提及十字架吗? 为什么可以或为什么不可以?

---

③ Charles Haddon Spurgeon, "Immeasurable Love," *Metropolitan Tabernacle Pulpit*, vol. 31 (London: Banner of Truth Trust, 1971), 395.

第五章

生命的灵

倘若你手臂骨折去了医院，你不会希望得到缓解胃部不适的药。你希望医生接好你的手臂并打上石膏。解决方案必须对症。

在救恩这个无比伟大的计划中，我们发现，上帝的解决方案——重生——完全能解决我们的问题。

我们已经知道，我们心里刚硬、自爱且与上帝为敌。但灵性死亡的状态还意味着我们没有上帝之灵的内住。那么，上帝的重生方案是如何解决这个问题的呢？

重生和圣灵

耶稣告诉尼哥底母，从肉身生的就是肉身，从灵生的就是灵（约3:6-8）。倘若我们问一位孕妇说"你知道你怀的是什么吗"，我们当然知道她怀的是人，所以我们只是想知道胎儿的性别。大家都知道她不会生出一条拉布拉多犬或一只蝴蝶！人只能生出人，这是理所当然的。但唯有从圣灵生的才是属灵的生命。

保罗在《提多书》3章3至7节中描述了何为重生以及圣灵的重要工作。我们原本"无知悖逆，受迷惑，服侍各样私欲和宴乐，常存恶毒、嫉妒的心，是可恨的，又是彼此相恨"（3节）。当人的本相显现出来时，其光景实在凄凉！但是等等，因为上帝的恩慈和慈爱已骤然临到（4节）。上帝我们的救主拯救我们完全是照着他的怜悯（5节）。

那么上帝是如何拯救我们的呢？是借

着"重生的洗和圣灵的更新。圣灵就是上帝藉着耶稣基督我们救主厚厚浇灌在我们身上的"（5-6节）。这不仅让我们在律法的地位上发生了改变，更是让我们内在生命得着更新。前者谓之称义，我们的罪被基督的义取代；后者谓之重生，圣灵赐给我们新的身份，洁净我们的罪，并在我们里面生出新的属灵生命。

内在的更新：绝无假装

做基督徒远比玩角色扮演游戏好得多。但有时，我们似乎把它降格至后者。也许我们只接受部分福音，并试图照着那有限的真理生活。例如，我们可能会想，我们的罪债已被一笔勾销，我们的名字被记录在天上，于是披戴基督，努力活出新身份。但我们得承认，倘若我们一直在努力维持一种假装出来的品格，会非常疲惫。

然而，那奇妙的好消息是：当我们相信耶稣是我们的救主时，就不再是从前那个人了。是的，从律法意义上说，我们的罪债被一笔勾销了。但此外，我们的石心开始因爱上帝而跳动，而且上帝的灵也住在我们里面（参见林前3:16；弗3:17；提后1:14）。重生意味着我们已经成为新造的人，我们的内心被改变了。

我们不需要假装做基督徒，而是能尽情探索作为上帝的儿女意味着什么。我们活着是因为上帝的灵如今住在我们里面并帮助我们与他相交。

人出生后，会在成长过程中发现和探索许多新的关系。信徒的重生也是如此。突然间，我们就能够去探索与上帝的新关系：耶稣如今是我们的新郎和朋友，他的父也是我们天上的父，而圣灵正住在我们里面让这些关系变得鲜活。一个新信徒在上帝家中也有一系列全新的关系要去探索：在教会里有众多弟兄姊妹正等着我们。

我是谁？

正如新生儿需要时间适应外界的新生活一样，新信徒也需要时间来适应他们新的属灵生命。人重生后会发生许多事：罪得赦免，过犯被除去，羞耻感消失，良心得了洁净。不仅如此，由于上帝之灵的内住，重生的人现在有了爱救主耶稣的心，并向天父呼求。要完全明白这些真理，需要读经、向上帝祷告、委身一间可靠的地方教会以及接受成熟信徒的门训，这是需要一些时间的。

上帝的救恩赐给我们一颗新心，并洁净我们人性最深处。这份荣耀的礼物是专为被罪玷污又专注自我之人预备的。如果你是位新信徒，要常常问这个重要的问题：我现在是谁？答案是：你是一个全新的人。你是一个新人，一个新造的人，一位圣徒（参见罗1:7；林前1:2；林后1:1）。对于这个问题以及你面对的其他重要问题，你要不断从圣经中寻找答案，并在上帝所赐的生命中成长时为这些真理献上赞美。

要记住：除非先被上帝的灵重生，否则你不可能活出基督徒的生命。然后是学习和成长。关于我们在基督里的新身份，有太多的东西需要去发现。我们认识那位良善的上帝越多，就能成长得越多。而且，借着圣子和圣灵，我们能够到圣父面前来。

"哦，那时一道神圣的生命之光骤然临到！"

苏格兰牧师兼教授亨利·斯库格尔

（Henry Scougal）于1678年去世时年仅28岁。但他短暂的一生对世人影响至深。他著有《上帝在人灵魂中的生命》（*The Life of God in the Soul of Man*）一书。无论是爱德华兹还是查尔斯·卫斯理（Charles Wesley），都深受这本书的影响。在18世纪30年代，卫斯理曾将此书送给了怀特腓。怀特腓那时非常虔诚，每周禁食两次，每日祷告多次，并参加了许多教会聚会。但直到他读了斯库格尔的书，他才认识到何为真正的基督教信仰。①

怀特腓在他在世的最后一年说："每当我到牛津去，都忍不住奔向一个地方，在那里耶稣基督第一次向我显现并赐我重生……那时我心潮澎湃，无比战兢…… 我想起（斯库格尔的话）：'……凡是对宗

---

① J. I. Packer, "Introduction," in Henry Scougal, *The Life of God in the Soul of Man* (Fearn, Ross-shire, Scotland: Christian Focus Publications, 1996), 7–10.

教稍有了解的人，都知道那是与上帝儿子的重要联合，是基督在我里面'；哦！那时一道神圣的生命之光骤然照进我贫瘠的灵魂⋯⋯从那一刻起，他一直在我里面做那赐福的工作。"[②]

思考与讨论

1）为什么不必假装基督徒是一种解脱？

2）圣灵在重生的信徒里面做了什么，而在未信者里面却没有做？

3）你如何将这些真理分享给一个靠自己努力的人？在你目前的亲友圈子中，谁会因听到这些真理而受益？

[②] Packer, "Introduction," in Scougal, *The Life of God*, 15.

第六章
亲子鉴定

我家的孩子似乎分为两类。其中三个孩子长得很像，而且他们的体貌特征很像他们的母亲梅拉妮（Melanie）；另外三个孩子则长得和我小时候一模一样！当然，在机场这类场合，出示合法的身份证明文件极其重要。但在日常生活中，似乎没人要求我们提供合法证据来证明他们是我们的孩子。人们看看孩子们，再看看我们，就知道了。

人类家庭的亲子鉴定主要分为三类。法律鉴定是指核验出生证明和护照，以确认公开身份；DNA检测则证实两人是否存在血缘关系；最后还有"目测法"——比如说一个婴儿"鼻子长得像父亲"或"眼睛长得像母亲"。

从灵而生的特征

但属灵的出生又如何呢？它并非永远是个奥秘。我们一旦重生，就意味着能通过所有这三项属灵的亲子鉴定。

法律鉴定关乎我们的称义与得着儿子名分。相关"文件"虽存于天上，但证据却显明在我们的生命中，因为上帝儿女的身份远不止是一个律法意义上的事实。《罗马书》8章告诉我们，圣灵"与我们的心同证我们是上帝的儿女"，因此我们从心底呼叫"阿爸，父！"（15–16节）在同一章的后文，保罗又阐述了上帝的灵如何工作，将我们塑造成基督的样式（29节）。

当约翰写下"上帝的道存在他心里"

（约壹3:9）时，他是在说上帝的灵住在我们里面。这种表达方式听上去好像在说我们通过了属灵的DNA检测。上帝的灵必会显现在所有真基督徒的生命中，并且他的同在日渐显明，足以经得起任何留心观察之人的"目测法"。

随着时间的推移，新信徒会越来越像上帝，因为他们与上帝之间远非仅有法律层面的关联——上帝的同在就在那里，就在他们心里。

越来越像

我们既生在上帝的家中，就会越来越像上帝。对此保罗说，当信徒随从圣灵而行时，他的生命中就会结出圣灵的果子。正如苹果树必结苹果一样，基督徒也自然会结出仁爱、喜乐、和平、忍耐、恩慈、良善、信实、温柔、节制的果子，这些都是上帝自己的属性（加5:22–23）。

圣灵内住在我们里面，使我们与基督联合。他将上帝的爱浇灌在我们心里（罗5:5），又将我们说不出来的叹息传达给上帝（罗8:26）。他叫我们想起基督的话（约14:26），并使我们效法基督的模样（罗8:29）。既然圣灵渴望荣耀基督，并将我们引向基督（约15:26，16:14），那么基督徒的生活就是以感恩之心领受他在我们里面的工作。

当上帝赐我们新心时，我们就领受了一整套由圣灵挑旺的全新情感与渴望。我们爱基督，渴望讨他喜悦。啊！倘若将这新心置于完全得赎、全然更新的身体里，全人就都是属天的。但可悲的是，这新心仍被困于罪身之中（罗7:13–25）。我们活在持续不断的张力中：心灵喜爱上帝的良善并渴望讨基督喜悦，肉体却天生喜爱悖逆。

我们能做什么呢？单凭意志力操纵内心深处的渴望是徒劳的。但与此同时，圣经确乎敦促人"专心"归向上帝，并"保守你心"不受邪恶的侵蚀（书24:23；箴4:23）。它更激励我们追求心意更新，因我们深知世界带来的负面影响（罗12:2）。当我们倚靠上帝改变我们心灵与渴望的大工时，我们的心便为他跳动，而我们也会越来越像他，愿意向人分享他的价值观与热忱，而且会越来越像！

结果和鼓励

使徒约翰的第一封书信（《约翰一书》）详述了生在上帝家里的许多福分。这封信的受众是一间地方教会，他们正因某个自称有属灵优势的群体而困惑动摇，因此约翰在信中安慰他们说，他们已有圣灵内住的真实确据。

来看看重生带来的美好结果吧：

· 我们相信耶稣就是基督，并且欢
迎他掌管我们的生活（约壹2:23，
4:15，5:1，5:12），其结果是我们
越来越像耶稣（约壹2:5–6）。

· 我们最深的情感将会改变。我们
将不再爱世界（约壹2:15），并活
出爱上帝爱人的生命（约壹2:9，
3:14，4:7–8，4:20）。

· 圣灵的内住必将更新我们，使我们
成为圣洁（约壹3:24，4:13）。我
们的生命将逐渐显明义的特征（约
壹2:29），这意味着我们不会持续
活在罪中（约壹3:6–9，5:18）。我
们将以遵行神旨为乐，活出胜过世
界的生命（约壹2:3–4，3:24，5:3–
4），更蒙保守脱离那恶者（约壹
5:18）。

坦白说，上述清单可能会让人心生畏惧。但请记住，约翰写此信是为勉励信徒，而非让他们灰心。这一切乃是上帝在我们里面的工作，而非我们自己的工作！

约翰深知读者有时会软弱犯罪（约壹2:1），却仍愿他们因着自己的新身份——如今已成为上帝的儿女——而满有盼望、备受激励。当"从上帝生"的事实主导一个人的生命时，这生命就会显明出来（约壹3:1-3）。这是必然的。

"如今醒了"

重生的经历并非总是戏剧性的，但它深刻且真实。1931年9月，C. S. 路易斯旅行到了惠普斯奈德动物园（Whipsnade Zoo）。以下是他对自己重生经历的描述：

"在一个阳光明媚的早晨，我驱车

前往惠普斯奈德。出发时，我还不信耶稣基督是上帝之子；但到达时，我却信了。然而我这一路并未苦思冥想，亦非情绪激动。在某些最重大的转折时刻，'情绪激动'或许是最不贴切的形容词。这种经历更像是一个人久睡初醒，仍静静地躺在床上，却意识到自己醒了。"①

思考与讨论

1）这三种属灵的亲子鉴定法如何帮助我们理解自己与上帝的关系？你该如何运用这些来鼓励一位怀疑重生真实性的基督徒？

2）基督徒会在哪些方面愈发彰显上帝

---

① C. S. Lewis, *Surprised by Joy: The Shape of My Early Life* (New York: HarperCollins, 2002), 275（中译本：C. S. 路易斯，《惊悦：C. S. 路易斯自传》，丁俊译，上海文艺出版社，2016）。

的属性？在你个人或他人的生命中，你曾见过哪些因基督信仰所结的果子？

3）本章中特别提到重生会带来哪些恩惠？这对你有何激励？你会如何向尚未经历重生的人描述这些恩典？

第七章

新造的人

重生的重要性绝对不容小觑。但上帝真的能让我们焕然一新吗？

保罗指出，一些人之所以不接受福音，是因为"此等不信之人被这世界的上帝弄瞎了心眼，不叫基督荣耀福音的光照着他们"（林后4:4）。保罗可曾对人抱有任何穿透这黑暗的希望？没有。但感谢上帝，他的事工从不依赖于任何"人的方法"。

或许他的思绪瞬间闪回到了《创世记》1章中那震撼人心的创世场面：起初，上帝一说话，就有了一切，天空与大地，日月与星辰，陆地与海洋，还有各样植物与大量的动物生活其间。上帝一开口，生命就诞生了。

上帝的再创造

保罗接着写道："那吩咐光从黑暗里照出来的上帝，已经照在我们心里，叫我们得知上帝荣耀的光显在耶稣基督的面上。"（林后4:6）上帝对黑暗的心灵说话，生命之光就在人心中迸发。转瞬之间，那些原本死在罪中、瞎眼的不信之人竟得着生命，并能看见上帝在基督里的荣耀。

神学家约翰·默里（John Murray，1898–1975）指出了这一真理的非凡之处：

> 上帝所成就的改变是一种彻底且全方位的改变，这改变绝非人自身资源的组合、排列和积累

所能解释。它是一种全新的创造，出自那位从无中生出有的主，他"说有就有、命立就立"。简言之，这就是重生。①

保罗将这新生命比作从破裂的"瓦器"里发出的光（7节）。我们的身体或许日渐衰残，但生命却从里面蓬勃绽放。拥有这新生命意味着我们绝不丧胆（7–18节），更意味着我们可以坦然无惧，深知这暂时的帐棚终将换成永恒的天家（林后5:1–10）。他还指出，这生命更推动我们去关心他人（11–21节）。

我，竟成了新造的人？

成为新造之人的观点（林后5:17）何

---

① John Murray, *Redemption Accomplished and Applied* (Grand Rapids, MI: Eerdmans, 1955), 96.

等震撼！当我们信靠基督、经历重生时，就成为上帝二次创造的一部分——因着罪的破坏，这属灵的再造实为必需。人类似乎彻底迷失，但上帝的慈爱与能力远超我们所求所想，过去如此，现在亦然。他救拔我们脱离死亡的黑暗，更将他自己的生命赐给我们！

　　想想复活节那天的情景。耶稣从死里复活、踏出坟墓的那一刻，一切就此改变。七周后五旬节降临，上帝的灵浇灌在门徒身上，他们的生命从此焕然一新。作家大卫·尼达姆（David Needham）的总结相当精辟："复活的基督赐下**生命**（约1:4）。借着在五旬节那天完全实现的重生，众人得着了一种前所未有的生命经历。"②

---

② David Needham, *Birthright: Christian, Do You Know Who You Are?* (Sisters, OR: Multnomah, 1999), 76.

尼达姆进一步揭示了这一改变对生命全方位的影响：

> 保罗宣称，那曾经刻在"石版"上的律法，如今已写在"心版"上。他们如今活出的是"复活的生命"。他们旧日的生命——那个只活在肉体中的生命——已经与基督同钉十架。如今他们是"与他同活"的人，正"向上帝活着"，这是一种前所未有的生命状态（林后 3:3；罗 6:2-11；西 3:1-4）。③

当上帝动工创造时，其作为实在令人惊叹！倘若你已经相信耶稣，因重生得着新生命，那么你就是上帝手中奇妙的新造。

正如保罗所言："旧事已过，都变成

---

③　Needham, *Birthright*, 76.

新的了。"（林后5:17）赞美上帝！

"我已经认不出从前的自己了！"

蒂娅成长于一个支离破碎的家庭。年少时她吸毒、偷窃，无恶不作。每天放学后，她都会去母亲工作的酒吧，在那里过夜。"我曾以为犯罪和性侵很正常。我十一岁时就经历了这些。我不相信任何人，非常孤独。"

蒂娅十五岁意外怀孕，学业就此中断。入狱服刑一年后，她虽然重新获得了女儿的抚养权，却始终无法如己所愿地去爱女儿。不久后，她又生下了第二个女儿。

几年后，两个女儿开始在学校附近的教会免费学习舞蹈。在等待接她们回家的时间里，蒂娅有了大把空闲时间。"有一天，我随手拿起圣经，一读就是两小时。在两天后的舞蹈课，我又继续读起来。说得太有道理了！人人都该知道这些真理。就这样，我没有跟任何人说话，从《创世记》一直读到了《以赛亚书》。"

蒂娅向来不信任男人，却迫切想要相信耶稣。一天，她在讲道结束后终于做了决志祷告。她的信心在每日读经与主相遇时悄然增长。在加入一间健康的教会后，她找到了从未体验过的家庭之爱。"我已经认不出从前的自己了！那个未被上帝更新、未蒙他赐下新家时的老我！"[4]

（蒂娅【化名】，一位三十多岁的单亲妈妈。）

思考与讨论

1）当你知道自己因重生而成为新造的

---

[4] 摘自蒂娅与作者的私人通信，2023 年 7 月。

人时，心中作何感想？

2）上帝并非只是修补一个被罪玷污的旧造生命，而是将我们彻底更新。这一真理将如何塑造你的生活方式？

3）蒂娅的原生家庭令她失望透顶，但教会家人却常常鼓励她。你和你的教会家人当如何向与蒂娅有相似经历的人伸出援手？

第八章

永生从此刻开始

有些基督徒觉得重生不过是张"赦罪通行证",到天堂时才能派上用场;而"新造"的说法听起来似乎仅指天堂里的永生。但重生真正的含义是:我们现在就能享受永生!正如大卫·尼达姆所言:"我们**此刻**就拥有复活的生命,**此刻**就有属灵的生命,**此刻**就有永生。我们**此刻**内心深处的生命,就是我们将永恒存续的生命样式。"[1]

---

[1] Needham, *Birthright*, 109.

上帝的国近了

这种对永生的误解并不罕见。

耶稣在世时，曾让这堕落的世界浅尝上帝之国的滋味，但人们并不总能领会。尼哥底母原以为自己有资格谈论上帝的国，毕竟他是以色列人的宗教领袖。但正如我们所看到的，耶稣温和地告诉他说，他若不重生，就不能见上帝的国（约3:1-8）。还有一次，有几个法利赛人问耶稣上帝的国何时降临，他们知道这个被罪玷污的世界需要天国改变的大能。但耶稣告诉他们说："上帝的国就在你们心里。"（路17:21）当时他就站在他们中间，赐下他们所需的恩典。

耶稣开始地上的事工时，就宣告"上帝的国近了"（太4:17；可1:15）。纵观四福音书时我们发现，耶稣似乎期待犹太人能认出他的真实身份。他们曾查考圣经寻找永生，但可悲的是，他们搞错了：圣经本是为**他**做见证的（约5:39）。耶稣从天上来，靠着圣灵所赐的能力，旨在彰显上帝并拯救世人。因此，他身上总带着一种与众不同的特质。

更好、荣美，更圣洁，毫无瑕疵，属天的生命。

上帝的国近在咫尺，他就站在他们眼前。但他们却视而不见。

耶稣教导门徒祷告时，提到了著名的主祷文，它的开头是这样的："我们在天上的父，愿人都尊你的名为圣。愿你的国降临。愿你的旨意行在地上，如同行在天上。"（太6:9-10）

这正是世界所需要的：让上帝慈爱地治理掌权。基督掌权的世界该是何等美好的景象！但目前，上帝的计划或许是让他的国借着一个又一个被更新的生命逐步降临，让他的旨意透过每个重生之人渐渐成就。如今，我们这些耶稣的门徒既有上帝所赐的圣灵内住，又有刻在心版上的神圣律法，或许此刻就有责任让世人尝到上帝之国的滋味。

这正是基督如今行在地上的方式。我们知道他已升天，坐在父上帝的右边（罗8:34；来1:3，10:12）。然而，基督的身体就在这里，是由每位经历重生之人所组成的。在这被罪玷污的堕落世界里，已有人得着完全的赦免。在这撒但掌权的邪恶世界里，已有人成为圣灵的殿。在这自私悖逆且抵挡上帝的世界里，已有人心意更新，涌动着爱上帝的心，流淌着上帝爱世人之情。

基督正借着他的身体（教会）降临世间，因此上帝的国继续屹立在人间。

生命的深刻连结

重生的信徒在他们的生命中所拥有的

是无与伦比的恩典。耶稣在《约翰福音》17章向父祷告时是这样定义永生的："认识你独一的真上帝，并且认识你所差来的耶稣基督，这就是永生。"（17:3）

"认识上帝"是什么意思？耶稣说这是一种丰富、亲密、生命相连的认知关系。《耶利米书》31章34节中的新约应许正是，一旦上帝赦免了我们的罪，重造我们的心，使我们成为他的子民后，我们就能"认识耶和华"。

彼得写道，上帝已将他的应许赐给我们，叫我们就"得与上帝的性情有份"（彼后1:4）。保罗一再将这真理称为"在基督"里（如弗2:6），约翰在《约翰福音》15章1至17节中称之为"常在基督里"。基督被喻为葡萄树，当门徒住在他里面时，他的生命就流入枝子，就是那些属他的人。我们亦可称此为"与基督联合"，因为我们借着内住的圣灵与基督合而为一。正如我们常在他里面，基督也常在我们里面（西1:27）。

重生带来了人与上帝之间最深刻的连结——就在此刻，就在今日。罪得赦免、赐下新心、圣灵内住，这一切意味着我们与上帝建立了最亲密的关系。因着重生，我们进入上帝的家；因着重生，我们与新郎基督联合。我们是上帝的儿女，是基督的新妇。没有比这更亲密的连结了，而这莫大的恩典此刻就已属于我们。

重生：荣耀的福音

身为基督徒，你不仅在律法上得称为义，不仅罪得赦免，不仅在学习新的生活方式，不仅有圣灵的帮助。事实远比这荣耀得多！你是新造的人，拥有全新的身份，上帝更赐你一颗跃动的新心——为爱基督，为他而活。

重生意味着上帝的生命已经在你的里面跃动。

我们仍会与罪的诱惑争战，并且时常因灵命未达理想状况而感到沮丧。但有一天，我们这有罪的身体也将被改变，那种沮丧也将永远消失。

要记住你是谁。你因着重生与被收养已成为上帝家中的一员。三位一体的上帝已拯救了你，且正在改变你。[2]你的心为他跳动，因他已将生命的气息吹入你里面。

但请稍等一下。若你还不是基督徒，或者仍在犹豫不决，那么是什么拦阻了你？或许你该问自己几个尖锐的问题：你重生了吗？可曾看清靠己力生活的绝望光景？你可认识到自己背叛上帝的事实？你可愿意放弃一切凭行为赚取救恩的努力，全然相信基督，让他成为你唯一的盼望？

---

② 参见引言部分。

你可发现基督是你的至宝？若答案是否定的，那么我盼望这本书能帮助你明白上帝渴望在你生命中施行的神迹。你无法赚取重生，但可以祈求上帝赐下，倚靠他成就那早已应许的恩典。你现在就可以如此行，他必垂听。

若你内心深处已经接受了上帝的生命，我盼望这本书能令你再次惊叹，那赐给你的恩典是何等的浩大！愿你的新心越发欢喜快乐，因圣灵催促你仰望基督！更愿你能更深知晓，如何将这些深刻而甘甜的真理与人分享。这新生命是为一切愿意接受的人预备的。

从前，上帝因耶稣在十字架上的死就恩慈地赦免了我们的一切过犯（罗5:8；西2:13）。如今，重生意味着我们与基督一同复活，追求上帝在上面的事，不再思念地上的事（西3:1-3）。那么将来呢？我们现在所拥有的永生并非终点，因《歌罗西书》3章4节告诉我们："基督是我们的生命，他显现的时候，你们也要与他一同显现在荣耀里。"

这重生不仅是荣耀的福音——更是亘古未有的至好消息！

思考与讨论

1）如果你已经经历重生，那么你生命中的某些东西确实超乎这尘世。这将对你理解自己身份以及判断何为重要之事有何影响？

2）若你尚未经历重生，可愿转向上帝，求他赐下他在基督里所应许的新生命？若你仍未准备好，是什么拦阻了你？

3）若因为阅读本书，重生的真理更深地抓住了你的心，将会发生什么？你的思想、情感与生活将会有什么不同？

经文索引

Union

我们在教会和信徒的生命中
推动改变

联合出版（Union Publishing）致力于用神学装备下一代的属灵领袖，激发他们更深渴慕上帝。我们提供包括书籍到免费在线资源在内的优质内容，旨在助力信徒生命更新，帮助教会健康成长。

我们盼望世界各地的人都能认识上帝、爱慕上帝并且以他为乐，从而荣耀他。为此，我们在免费平台上收集了数百篇文章、播客、书摘和视频内容。我们还持续创作了全新的文字、音频和视频资源，以帮助你在耶稣基督的真善美中活出更丰盛的生命。

若你希望获得更多改革宗资源，帮助

你更深地爱上帝并在基督里成长，欢迎访问我们的网站：unionpublishing.org。

www.ingramcontent.com/pod-product-compliance
Lightning Source LLC
Chambersburg PA
CBHW061703120626
46550CB00003B/1072